1936

ARRUABARRENA

LA CAJA NEGRA

I

Mi abuela materna se llamaba Francisca Azkarate. Pasó la mayor parte de su vida en el barrio Gaztelua de Abadiano. Su familia sobrevivía a duras penas cultivando la huerta y criando unos pocos animales. Mi abuela acudía a diario a la cercana población de Durango a vender la leche que le proporcionaban sus vacas, y una vez por semana asistía a la plaza con la intención de vender los mejores productos que ofrecía el caserío. Con el dinero de la venta compraba aceite, azucar y pan blanco. Siempre repetía la misma rutina en compañía de su burro. No obstante, el 31 de marzo de 1937 no fue un día común.

II

Rino Zitelli obtenía espectaculares imagenes aereas desde su aeroplano bélico; no obstante en sus vuelos, además de plasmar imágenes bellas, cometía crímenes atroces. Las fotografías abstractas de Rino registran acciones espeluznantes: los bombardeos de la aviación italiana.

Una de sus instantáneas recoge el momento exacto en el que bombardea la villa de Durango. Mi abuela estuvo en ese lugar en ese preciso momento. Aunque no aparece en la imagen, ella está dentro de la foto de Zitelli. Fue sorprendida por el ataque aéreo a unos 50 metros de la Basílica de Santa María. ¡No hay palabras para definir semejante catástrofe! El citado día murieron más de 200 personas bajo las bombas.

Aunque mi abuela no sabía quién era Rino Zitelli, aquel monstruo volador determinó completamente el resto de su vida.

KUTXA BELTZA

I

Amaren aldeko amama, Frantziska Azkarate zen izenez. Bizitzako urterik gehienak Abadiñoko Gaztelua auzunean eman zituen. Etxekoek soloan lan eginez eta abelburu batzuk haziz egiten zuten aurrera zelan edo halan. Amama egunero joaten zen Durangora esne-saltzen eta astean behin edo plazara ere bai bendejarekin, ortuaririk edertxoenak saltzeko asmoz. Bendeja-diruarekin olioa, azukrea eta kaleko ogi zuria erosten zituen. Astoa lagun, beti antzeko martxan ibiltzen zen. Alabaina, 1937ko martiaren 31a ez zen izan egun arrunta.

II

Rino Zitelli-k argazki ikusgarriak egiten zituen, txori begiz, bere gerra-hegazkinetik; baina irudi ederrak ez ezik, basakeria ankerrak ere egiten zituen.

Rinoren irudi abstraktuen azpian ekintza ikaragarriak daude: italiarren bonbardaketak.

Haren argazkietako bat Durango bonbardatu zuten egunekoa da, une berekoa. Nire amama han bertan dago, Zitelli-ren lanean. Andra Mariko elizatik 50 metro ingurura harrapatu zuen erasoak. Hango triskantzak ez dauka izenik! Egun hartan 200 lagun baino gehiago hil ziren bonbapean.

Nire amamak ez zekien nor zen Rino Zitelli, baina mamu hark bizimodua goitik behera aldatu zion.

|||

Mi abuela solía decir que su familia nunca se involucró en asuntos políticos. Hoy día sé que lo que me contó no es verdad. ¡Ni por asomo! La guerra del 36 pasó atropelladamente por encima de mis parientes, y por encima del resto de la gente, como un caballo desbocado.

Unos de los cuñados de Francisca estuvieron implicados directamente en el conflicto político, y sé a ciencia cierta que en la posguerra se posicionaron del lado de los vencedores.

Tendría yo unos veinte años, cuando le pedí a mi abuela que me contara sus experiencias por escrito. Guardaba un grato recuerdo de la época en la que trabajó como criada, y se refería a sus idas y venidas al mercado con optimismo. A lo largo de todo el texto se percibe cierto halo de felicidad.

En las dos páginas del texto no menciona la guerra, a pesar de que estuvo a punto de morir a causa del bombardeo y pasó la mitad de su vida bajo el yugo de la dictadura.

III

Amamak beti esaten zidan bere senideak ez zirela sekula politika arloan nahastu. Gaur egun badakit esandakoa ez dela egia, inondik ere. 36ko gerra, zaldi zoro talde baten antzera igaro zen etxekoen gainetik eta herritar guztien artetik.

 Aittitte Jesusen anaia batzuek zerikusi zuzena izan zuten gatazka hartan. Gerra ostean behintzat garaileen alde jokatu zuten.

Hogei bat urte nituela, amamari bere bizierak idatziz kontatzeko eskatu nion. Neskame ibili zen garaiaz oroitzapen onak zituen. Azokara egiten zituen joan etorriak ere baikortasunez adierazi zizkidan. Testuan zehar sarri ikusten da zorionaren keinua.

Bi orrialdeko kontakizunean ez du aipatzen gerra konturik, nahiz eta bonbardaketa egunean hiltzeko zorian egon, eta bizitza erdi diktaduraren uztarripean loturik eman.

IV

El hermano de mi abuela, el Tío Jesús, era un hombre misterioso, del que se hablaba bien poco en casa. Una tara física le marcaba enormemente: tenía una sola oreja. Perdió la otra a causa de una explosión en la cantera en la que trabajó un tiempo.

Mis padres y mis tíos siempre han dicho de él que bebía una barbaridad, pero, para mi sorpresa, las tropelías que llevaba a cabo bajo los efectos del alcohol no eran sus únicas fechorías.

Recientemente he descubierto que aquel hombre fue un personaje siniestro. He sabido que el tío escondía un fusil en su cuarto. Esa información ha disparado mi interés por la cuestión.

Tirando de la lengua a mucha gente de mi entorno he confirmado que Jesús fue miembro del Requeté. No sé a ciencia cierta qué hizo y qué dejó de hacer. Aquí dejo algunos apuntes de sus andanzas como pistolero de pacotilla. Nuestro vecino Vicente dijo de él que había sido confidente; José el de Aistigane me informó de que, además de intimidar a la gente con su fusil, en una ocasión tiroteó a sus yeguas; Nieves la de la Txosna me contó que participó en la detención de su padre, que en aquel tiempo era concejal del PNV de Abadiano; y, obedeciendo las órdenes de sus superiores, Jesús le dio una paliza a su íntimo amigo Juan Pedro el de Itturribisko, por formar parte del grupo de milicianos que ocupó la parroquia de San Torcuato.

Estoy convencido de que en todas estas acciones influyeron en gran medida su dependencia al alcohol y sus serios problemas psicológicos.

Poco antes de que mi familia abandonara el caserío y de que devolviera las llaves de la casa definitivamente a su propietario, encontré una bala calzando la puerta del camarote.

IV

Amamak neba bat zeukan, Jesus. Nik *Tio-Jesus* esaten nion gizon misteriotsu hari. Etxean inork ez zuen aipatzen haren konturik. *Belarri bakarra* gaitzizena zeukan. Sasoi batean harrobian ibili zen lanean, eta hango eztanda batek erauzi zion belarri bata.

Etxean diotenez, asko edaten omen zuen, baina harritu egin naiz jakinik barrabaskeriak ez zituela egiten mozkortuta zegoenean bakarrik.

Nik umetan ezagutu nuen arren, oraintsu jakin dut gizon bihurri hark gela zaharrean fusil bat gordeta zeukala. Hori entzuteak jakinmina piztu dit.

Nire inguruko jende askori mihitik tira eginez, egiaztatu dut Tio Jesus erreketea zela. Ez dakit ziur zer egin zuen eta zer ez zuen egin. Jarraian aipatuko ditut haren badaezbadako pistolero ibilera batzuk. Handiko Bixentek salataria izan zela esan zidan, txibatoa; Aistiganeko Josek jakinarazi zidan, fusilarekin jendea beldurtzeaz gain, bere behorrak tirokatu zituela behin; Txosnako Nievesek kontatu zidan bere aitaren atxiloketan parte hartu zuela Jesusek, garai hartan aita Abadiñoko EAJko zinegotzia zelako; eta, Jesusek bere nagusien aginduak betez, lagun mina zen Itturribiskoko Juan Pedrori jipoia eman zion, San Trokaz parrokia hartu zuten milizianoen taldekoa zelako.

Ziur nago ekintza horietan guztietan eragin handia izan zutela alkoholarekiko mendekotasunak eta arazo psikologiko larriek.

Nire familiak baserria utzi eta giltzak jabeari behin betiko itzuli baino lehenxeago, bala bat aurkitu nuen altxagarri gisa jarrita ganbarako atean.

ESPAÑA

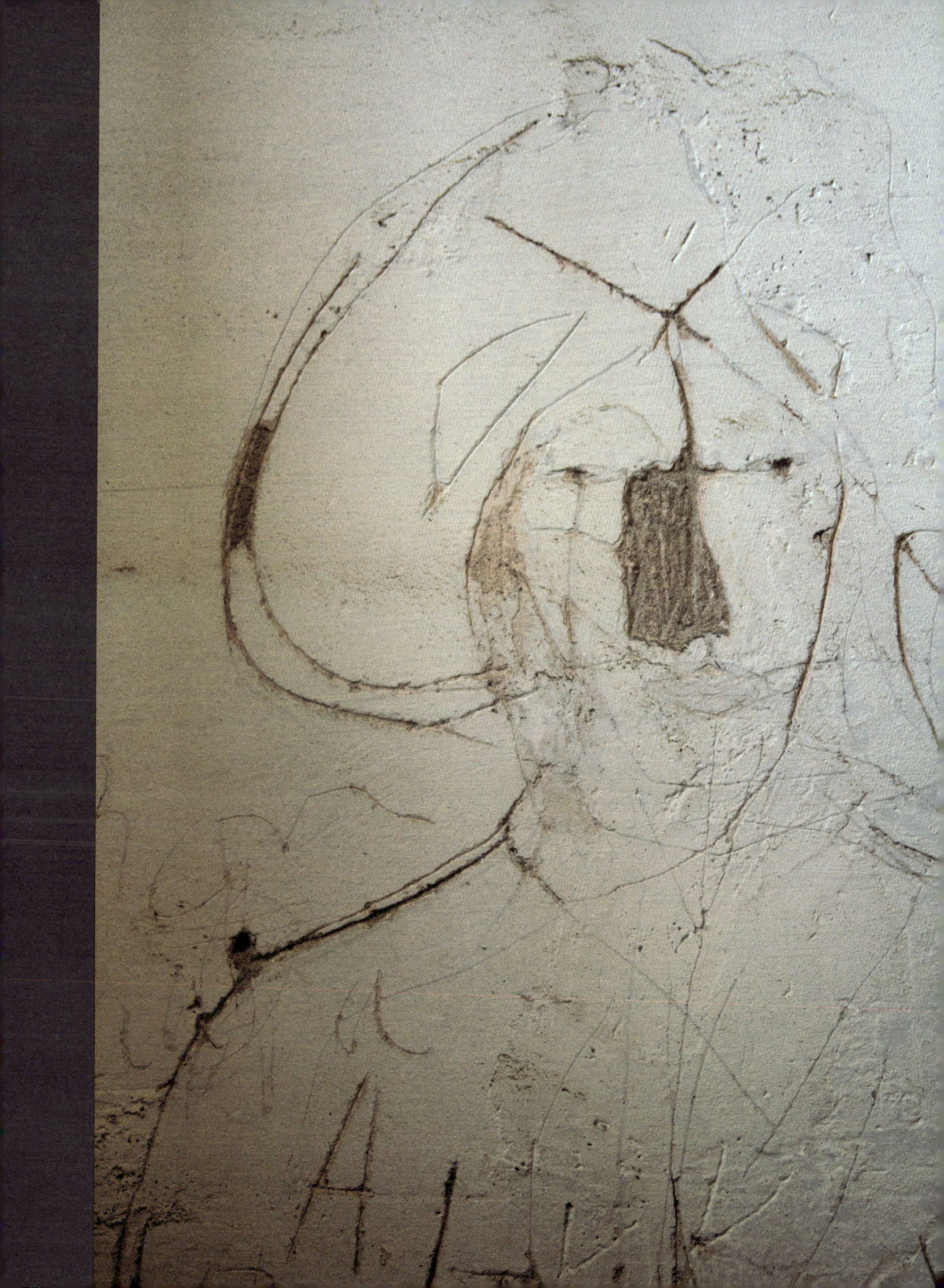

Pricion Pustiurusal de Larrinaga a

Mi adorable Eypoza tomo la pluma con mano
temblorosa para despedirme de ti y de nuestros
adorados hijos porque ha llegado la hora y
Dios me llama asi que ten balor para bibir en
este Mundo que en el otro ya nos juntaremos como
nos hemos juntado en este asi que ten en cueta
mis ultimos deseos Educar a los niños por el
camino del bien y tu como eres joben y con el
tiempo piensas Casarte herregue creo que no
llegaras a ese estremo pero en ese caso procura
que sea un hombre bueno para contigo y
para nuestros hijos yo astu la fecha no
creo que te haya dado ningun disgusto pero en
caso que te lo haya dado perdoname como
yo les perdono a los que ami me han tirado
a este estremo quiciera decirte muchas cosas
pero mi Cabeza y mi mano no responden
asi que medespido de ti y de nuestros hijos
asta que nos beamos en el otro Mundo
                    tu inolbidable eyporo   Adios
Adios   Jose Aguirre Lopez

ALGUNOS DATOS PARA UBICARSE EN EL CONTEXTO BÉLICO

El inicio de la guerra

El 17 de julio de 1936, parte del ejército español, liderado por el general Francisco Franco, dio un golpe de estado contra el gobierno de la Segunda República. Al día siguiente, el general Emilio Mola proclamó el estado de guerra en Pamplona.

El bombardeo de Otxandio

El 22 de julio de 1936, durante las fiestas de Santa Marina, los rebeldes bombardearon Otxandio. En aquel ataque murieron 57 personas y otras muchas resultaron heridas.

La caída de Irún y de San Sebastián

Antes de ocupar la capital guipuzcoana, los golpistas decidieron tomar la ciudad fronteriza de Irún. Lo hicieron con el objetivo de imposibilitar la comunicación terrestre con Francia y dificultar el suministro de armas a los leales a la República.

Mola ordenó bombardear Irún a diario y miles de refugiados huyeron a Francia. Irún cayó el 5 de septiembre y San Sebastián poco después, el día 13.

ZENBAIT DATU GERRAREN
TESTUINGURUAN KOKATZEKO

Gerraren hasiera

1936ko uztailaren 17an, Espainiako armadaren zati batek, Francisco Franco jeneralaren gidaritzapean, estatu-kolpea eman zuen Bigarren Errepublikako gobernuaren aurka. Hurrengo egunean, Emilio Mola jeneralak gerra egoera ezarri zuen Iruñean.

Otxandioko bonbardaketa

1936ko uztailaren 22an, Santamaña jaietan, matxinoek Otxandio bonbardatu zuten. Eraso hartan 57 pertsona hil eta beste asko zauritu zituzten.

Irunen eta Donostiaren erorketa

Gipuzkoako hiriburua okupatu aurretik, kolpistek Irun hiria hartzea erabaki zuten. Helburua izan zen Frantziarekin lurreko komunikazioa moztea eta Errepublikaren aldekoei arma-horniketa zailtzea.

Molak Irun egunero bonbardatzeko agindua eman zuen eta milaka errefuxiatuk Frantziara ihes egin zuten. Irun irailaren 5ean erori zen, eta Donostia egun batzuk geroago, 13an.

El frente se estabiliza

En septiembre de 1936, el frente se estabilizó en la frontera entre Gipuzkoa y Bizkaia, quedando Eibar y Elgeta en manos de los gudaris y milicianos, y Motriko, Ondarroa, Elgoibar, Bergara y Arrasate en poder de los sublevados.

Por otro lado, en Araba todos los municipios de la provincia quedaron en manos de los rebeldes, salvo Aramaiona, Laudio y Amurrio.

La creación del ejército vasco

El Gobierno Vasco —constituido el 7 de octubre— creó el Ejercito Vasco reorganizando las agrupaciones de voluntarios en batallones armados, con el objetivo de defender Bizkaia y de recuperar el territorio perdido.

La batalla de Villarreal

El Ejercito Vasco realizó una única ofensiva de envergadura contra los sublevados. El ataque a la localidad de Villareal de Álava (Legutio) pretendía tomar el pueblo, que se hallaba en poder de los insurgentes, para después avanzar hacia Vitoria.

Aquellos enfrentamientos (el primero tuvo lugar el 30 de noviembre y el último el 12 de diciembre) fueron trágicos para los defensores de la República. Murieron entre 800 y 1.000 gudaris y milicianos, mientras que las bajas del ejercito nacional no superaron las 230.

Frontea egonkortu

1936ko irailean, frontea egonkortu egin zen Gipuzkoa eta Bizkaiaren arteko mugan; Eibar eta Elgeta gudari eta milizianoen esku geratu ziren, eta Motriko, Ondarroa, Elgoibar, Bergara eta Arrasate altxatuen esku.

Bestalde, Araban probintziako herri guztiak matxinatuen esku zeuden, Aramaio, Laudio eta Amurrio izan ezik.

Euzko Gudarostearen sorrera

Urriaren 7an eratua izan ondoren, Eusko Jaurlaritzak *Euzko Gudarostea* (Euskal Armada) sortu zuen boluntario-elkarteak batailoi armatuetan berrantolatuz, Bizkaia defendatzeko eta galdutako lurraldea berreskuratzeko.

Legutioko bataila

Euzko Gudarosteak Arabako Legution jo zuen bere erasoaldi handi bakarra matxinatuen aurka. Oldarraldiaren helburua izan zen matxinatuak Legutiotik botatzea eta ondoren Gasteizeraino bultzatzen jarraitzea.

Erasoaldia bi fasetan gauzatu zen, lehena azaroaren 30ean eta azkena abenduaren 12an, baina amaiera tragikoa izan zuen Errepublikaren defendatzaileentzat, 800-1.000 gudari eta miliziano inguru hil baitziren; aldiz, nazionalen armadak 230 soldadu baino ez zituen galdu.

El bombardeo de Durango

Durango fue bombardeado por primera vez el 25 de septiembre de 1936. Aviones procedentes de Vitoria lanzaron cuatro bombas contra la localidad. Uno de los artefactos estalló en el antiguo frontón, matando a 12 personas y causando heridas a muchas otras (en aquel momento, en el frontón se encontraban algunos militares y refugiados de Gipuzkoa). Aquel bombardeo provocó la fulminante venganza de los militares republicanos de la localidad, que condujeron al cementerio a 22 presos tradicionalistas encarcelados y los fusilaron sumariamente.

Sin embargo, los bombardeos más atroces contra Durango tuvieron lugar el 31 de marzo de 1937. Las bombas lanzadas en aquella ocasión por la aviación rebelde dejaron cientos de muertos y de heridos.

El bombardeo de Gernika

El bombardeo de la villa vizcaína de Gernika tuvo lugar el 26 de abril de 1937. Participaron en él la Legión Condor alemana y la Aviazione Legionaria italiana. Los historiadores estiman que aquel ataque provocó unas 250 muertes.

El bombardeo más intenso se produjo a media tarde, cuando los atacantes arrojaron bombas explosivas e incendiarias. Los bombardeos duraron alrededor de tres horas y media, tras las cuales los cazas ametrallaron indiscriminadamente a la población civil tanto en el interior de la localidad como en sus alrededores.

Se calcula que más del 70% de los edificios de Gernika fueron destruidos.

Durangoko bonbardaketa

Durango 1936ko irailaren 25ean bonbardatu zuten lehenengoz. Gasteiztik etorritako hegazkinek lau bonba jaurti zituzten herrira. Horietako batek pilotaleku zaharra jota, 12 lagun hil zituen eta beste hainbat zauritu (pilotalekuan militar talde bat aurkitzen zen eta Gipuzkoako hainbat errefuxiatu). Bonbardaketa hark militarren mendeku gogorra ekarri zuen berehala, kartzelan zeuden 22 preso tradizionalista kanposantura eraman eta epaiketarik gabe fusilatu baitzituzten.

Halere, Durangoko bonbardaketa gogorrenak 1937ko martxoaren 31an gertatu ziren. Aldi hartan, hegazkinek jaurtitako bonbek ehunka hildako eta zauritu utzi zituzten.

Gernikako bonbardaketa

Gernikako bonbardaketa 1937ko apirilaren 26an gertatu zen. Bertan parte hartu zuten Alemaniako Condor Legioak eta Italiako Aviazione Legionariak. Historialarien arabera, eraso hark 250 pertsona inguru hil zituen.

Bonbardaketa gogorrenena arratsaldean gertatu zen. Erasotzaileek bonba leherkariak eta supizleak bota zituzten, eta ondoren ehiza-hegazkinekin populazio zibila metrailatu zuten herri barruan eta inguruetan. Bonbardaketak hiru ordu eta erdi iraun omen zuen.

Kalkulatzen da Gernikako eraikinen % 70etik gora geratu zirela txikituta.

El bombardeo de Bilbao y la venganza posterior

El 4 de enero de 1937 la aviación rebelde bombardeó la capital vizcaína. Acto seguido, milicianos y civiles bilbaínos asaltaron enfurecidos las cárceles de Larrinaga, Los Ángeles Custodios, El Carmelo y la Casa Galera, y mataron a 224 presos. Otro de los bombardeos contra Bilbao tuvo como consecuencia el asalto a los barcos-prisión Cabo Quilates y Altuna Mendi, fusilando a numerosos presos allí retenidos.

Se rompe el Cinturón de Hierro. La guerra está perdida.

Alejandro Goicoechea, capitán de Ingenieros y jefe de la obra del Cinturón, cambió de bando y dio a los rebeldes información detallada sobre las fortificaciones que protegían la capital vizcaína.

Gracias a esa información, el 12 de junio de 1937 los franquistas atacaron por Larrabetzu y Gamiz-Fika, conscientes de que ese sector carecía de fortificaciones.

Pese a concentrar su ataque en ese punto débil, los sublevados necesitaron 110 aviones, 180 piezas de artillería y 12.000 soldados para vencer a la resistencia vasca.

Finalmente, Bilbao cayó el 19 de junio de 1937.

Bilboko bonbardaketa eta ondorengo mendekua

1937ko urtarrilaren 4an nazionalek Bizkaiko hiriburua bonbardatu zuten. Eraso horren mendekuz, milizianoek eta Bilboko zibilek hiriko espetxeak erasotu zituzten (Larrinaga, Los Angeles Custodios, El Carmelo eta Casa Galera), 224 preso hilez, eta gauza bera egin zuten *Cabo Quilates eta Altuna Mendi* espetxe-ontzietan.

Burdin Hesia hautsi ondoren, gerra galduta zegoen.

Alejandro Goicoecheak, ingeniarien kapitain eta Bilboko Burdin Hesiaren obrako buruak, nazionalen bandora igarota informazio zehatza eman zien inbaditzaileei Bizkaiko hiriburua babesten zuten gotorlekuei buruz.

Informazio hori eskuan, 1937ko ekainaren 12an frankistek Bilboren kontrako erasoa jo zuten Larrabetzutik eta Gamiz-Fikatik, jakitun sektore horretan ez zegoela gotorlekurik.

Nazionalek gune ahul horretatik Bilboko defentsak haustea lortu arren, baliabide itzelak erabili behar izan zituzten euskal erresistentzia garaitzeko: 110 hegazkin, 180 artilleria pieza eta 12.000 soldadu.

Azkenik, Bilbo 1937ko ekainaren 19an erori zen.

1936

Unos 7.500 soldados del Ejército Vasco participaron en los enfrentamientos que tuvieron lugar en el monte Motxotegi. En el otro bando, compuesto fundamentalmente por requetés y falangistas, lucharon entre 3.000 y 4.000 soldados.

Uno de los aviadores alemanes participantes en el bombardeo de Gernika, el oficial de la Legión Cóndor Wolfram Von Richthofen, refiriéndose a lo que vio aquel día, subrayó la dureza del bombardeo, precisando que la aviación rebelde lanzó 60 toneladas de bombas en tan solo dos minutos.

No forman parte del Cinturón de Hierro. Fueron construidas por mano de obra esclava en la década de los 40.

El templo fue requisado por los milicianos para ser utilizado como almacén. Se dice que fueron ellos quienes destrozaron el órgano y mutilaron algunas imágenes.

Tratando de sacar partido propagandístico a aquellos excesos, tras la guerra Franco organizó una curiosa exposición itinerante que recorrió toda España mostrando el resultado de los actos de barbarie cometidos supuestamente por los izquierdistas contra la Iglesia. Entre las figuras dañadas cobró fama *El Cristo de Otxandiano,* cuyo paradero se desconoce actualmente.

1936

Euskal Armadako 7.500 bat soldaduk parte hartu zuten Motxotegi mendiko borrokaldietan. Kontrako armadan batez ere erreketeak eta falangistak borrokatu ziren, 3.000 edo 4.000 soldadu inguru.

Gernikako bonbardaketan parte hartutako hegazkinlari aleman batek, Wolfram von Richthofen Kondor Legioko ofizialak, bonbardaketaren gogortasuna azpimarratu zuen, esanez matxinoen hegazkinek bi minututan 60 tona bonba jaurti zituztela.

Ez dira Burdin Hesikoak, 40ko hamarkadan esklabu-eskulanaz eginak baino.

Milizianoek eliza errekisatu zuten biltegi gisa erabiltzeko. Hitza da organoa hautsi zutela eta elizako hainbat irudi mutilatu zituztela.

Desmasia haiei propaganda-etekina atera nahian, gerra ostean Francok erakusketa bitxi bat antolatu zuen, Espainia osoan barrena ibiliarazi zuena erakusteko ezkertiarrek elizaren aurka egindako basakeriak. Elizako irudi bortxatu haien artean ospetsu egin zen *El Cristo de Otxandiano* izenekoa, gaur egun desagertua.

En este lugar permanecían escondidos algunos derechistas hasta que recibían la orden de pasar al bando nacional.

Para hacer llevadera la estancia de los fugitivos, se cocinaba en el interior de la cueva y se acondicionó el lugar con colchones e incluso con una pequeña biblioteca.

El responsable de esta "trama" de evasión fue el párroco de la localidad.

Los combates comenzaron a primeros de diciembre.

Al batallón Gordexola, que en aquel momento se encontraba en la localidad de Nafarrate, se le vino encima el ejército franquista. Simultáneamente, aviones procedentes de Vitoria llevaron a cabo un violento ataque. Algunos gudaris huyeron hacia Elosu y otros se atrincheraron en las casas de Nafarrate, pero finalmente tuvieron que rendirse. En total, sumando muertos, heridos y desaparecidos, el batallón Gordexola sufrió 102 bajas.

La iglesia local fue bombardeada durante la guerra y nunca fue reconstruida.

Toki honetan egoten ziren gordeta eskuindarrak nazionalen aldera igarotzeko agindua jaso arte.

Kobazuloko egonaldia jasangarria egiteko, janaria koban bertan prestatzen zuten. Horrez gain, tokia pixka bat egokitu zuten, koltxoiak jarriz eta liburutegi xume bat eratuz.

Ihes egiteko "sare" honen arduraduna herriko parrokoa izan zen.

Borrokaldiak abenduaren lehenengo egunetan hasi ziren.

Nafarraten kokatuta zegoen Gordexola batalloiari armada frankista osoa etorri zitzaion gainera. Hori gutxi ez eta, aldi berean Gasteiztik ateratako hegazkinek eraso bortitza jo zuten, milizianoak herritik kanporatuz. Gudari batzuek ihes egin zuten Elosurantz eta beste batzuk Nafarrateko etxeetan gotortu ziren, baina azkenean amore eman behar izan zuten. Guztira, kontu berean sartuta hildakoak, zaurituak eta desagertuak, Gordexola batailoiak 102 baja izan zituen.

Herriko eliza txikituta geratu zen gerran eta geroztik ez da konpondu.

Félix Gallarreta, comandante del batallón Meabe nº 2, relata así lo ocurrido en el monte Albertia: *"Un infierno de fuego y metralla se cernió sobre las posiciones del Stalin en el monte Albertia, obligando a los hombres a tirarse al fondo de trincheras y agujeros, pero fueron muchos los que no lo lograron y el paisaje se tornó dantesco, con cuerpos destrozados por todas partes, e incluso colgando de los árboles".*

Este lugar fue, entre otras cosas, centro hospitalario de los republicanos, cuartel general del Mando italiano y sede del Auxilio Social en la posguerra.

Tras permanecer preso en la cárcel bilbaína de Larrinaga, José fue trasladado al cementerio de Derio y fusilado contra uno de sus muros.

Felix Gallarretak, Meabe 2. Batailoiko komandanteak, honela kontatzen du Albertia mendian gertatutakoa: *"Suzko eta metrailazko infernu bat erori zen Albertia mendian Stalin batailoiaren posizioen gainera, gizonak lubakien eta zuloen hondora botatzera behartuz; hala ere, askok ez zuten lortu, eta paisaia danteskoa bilakatu zen. Alde guztietan ikusten ziren gorpuak suntsituta, baita zuhaitzetatik zintzilik ere".*

Toki hori, besteak beste, errepublikarren ospitalea, Italiako Aginte-kuartel nagusia eta gerraosteko Gizarte Laguntzaren egoitza izan zen.

Bilboko Larrinaga kartzelan preso egon ondoren, Jose Agirre Derioko kanposantura eraman zuten eta bertan fusilatu horma baten kontra.

Barracones de Igal (Navarra).

Los batallones disciplinarios o batallones de trabajadores estaban formados por prisioneros del franquismo que fueron sometidos a trabajos forzosos para construir fortificaciones, carreteras, puentes, ferrocarriles, etc.

La mayoría de aquellos trabajadores esclavos habían sido combatientes del Ejército Republicano. Tras perder la guerra, los vencedores los sometieron a condiciones de vida espantosas.

Los barracones que aparecen en las fotografías son los del municipio navarro de Igal. En ellos se alojaron los 2.354 presos que hicieron la carretera que une las localidades de Igal y Vidangoz.

Cementerio de San José de Pamplona.

Lugar de enterramiento de falangistas y requetés.

En la mayoría de las tumbas figura el nombre de la persona fallecida, y en muchas de ellas se añaden datos personales tales como edad, regimiento al que pertenecía el soldado y lugar de su fallecimiento.

Sus familiares siguen visitándolos y ofreciéndoles flores.

Cementerio de Begoña (Bilbao).

En este cementerio hallaron en total los restos de 85 personas fallecidas en la Guerra Civil. En la fosa común del cementerio se encontraron los cuerpos de 46 personas, de las cuales 42 eran gudaris.

En la foto aparece el cuerpo de Manuel Zoido, bilbaíno muerto a consecuencia de uno de los bombardeos sobre Bilbao.

Igaleko barrakoiak (Nafarroa). 52-53

Diziplina-batailoiak edo langile batailoiak frankismoko presoek osatzen zituzten. Gatibu haiek derrigortuta zeuden lan egitera, hainbat egitura eraikitzeko: gotorlekuak, errepideak, zubiak, trenbideak eta abar.

Langile esklabo gehienak Armada Errepublikanoko soldadu ohiak ziren. Gerra galdu ondoren, irabazleek baldintza penagarrietan bizitzera behartu zituzten.

Argazkietan agertzen diren barrakoiak Nafarroako Igal herrikoak dira. Bertan egon ziren Igal eta Vidangoz herriak lotzen dituen errepidea egin zuten 2.354 presoak.

Iruñeko San Jose hilerria. 54

Toki honetan lurperatu zituzten falangista eta errekete asko.

Hilobi gehienetan hildakoen izenak ageri dira, eta askotan hildako bakoitzaren zenbait xehetasun ere, hala nola adina, errejimenduaren izena eta heriotzaren tokia.

Senideak bisitan joaten dira eta loreak uzten dizkiete gaur egun ere.

Begoñako kanposantua (Bilbo) 55

Hilerri honetan Gerra Zibilean hildako 85 pertsonaren gorpuzkiak aurkitu dira guztira. Hobi komun batean 46 pertsonaren gorpuak aurkitu dira, horietatik 42 gudarienak.

Argazkian, bonbardaketa baten ondorioz hil zen Manuel Zoido bilbotarraren gorpua ageri da.

Monumento dedicado a los soldados del ejército del bando nacional muertos en el frente de guerra. El panteón contaba con las imágenes de cuatro soldados del bando vencedor y una inscripción que decía: *"Caídos por Dios y por España. R.I.P."*. En su interior había más de 200 cuerpos.

En 2017 se retiraron las estatuas en cumplimiento de la Ley de Memoria Histórica.

En 2023 la Sociedad de Ciencias Aranzadi descubrió en este cementerio los restos de 51 gudaris y milicianos.

Parece ser que los restos fueron trasladados al camposanto desde el hospital de sangre de Amorebieta y desde los frentes de guerra de la zona.

Gerra-frontean hildako soldadu nazionalen omenezko monumentua. Panteoiak irabazleen alderdiko lau soldaduren irudiak zeuzkan, eta idazkun hau: *"Caídos por Dios y por España. R.I.P."*. Barruan 200 gorpu baino gehiago zeuden.

2017an, estatuak kendu egin zituzten, Memoria Historikoaren Legea betez.

2023an Aranzadi Zientzia Elkarteak 51 gudari eta milizianoren gorpuzkiak aurkitu zituen hilerri honetan.

Dirudienez, gorpuzkiak Zornotzako odol-ospitaletik eta inguruko gerra-fronteetatik eraman zituzten hilerrira.

ESKERRAK

Anartz Ormaza, Aranzadi, Lourdes Herrasti, Jon Etxezarraga,
Alberto Sardon, Juan Mari Orue, Jose Mari Amenabar, Jimy Jimenez,
Gernikako turismo bulegoa, Juan Mari Orobengoa,
Punta Begoña Fundazioa, Maria Peraita, Gaizka Zabarte, Txelu Angoitia,
Patxi Granado, Markinako Udala, Uhagon kulturguneko Aintzane eta Tere,
Enrike Alaña eta Juanjo Agirre.